JN436678

말하라, 어두워지기 전에

실천시선 237

말하라、 어두워지기 전에

노혜경

실천문학사

차례

제2부 스며들다

제3부 기다리는 능력

제4부 침묵

제5부 사랑은 왜 야만인가

제6부 말하라, 어두워지기 전에

열며

강으로 가기*

나는 목을 잘라 조용히 시렁에 걸어놓고 그 방을 나왔다
이로써 나의 할 일은 끝나야 한다는 듯이

(아, 나는 얼마나 자주 목을 잘랐던가 시렁엔 이미 잘라낸 내 머리가 그득한데 이번으로 끝낼 수 있을까)

갑자기 모든 무덤의 등허리가 들썩였다 웃는 무덤을 본 일 없기에 이미 없는 내 머리의 두 눈동자가 커지는 것이 느껴졌다

아까까지는 익숙한 것이었던 느낌이라는 말이 낯설다
낯설다는 말에 나는 손을 들어 없는 얼굴을 어루만진다
공기가 단단하게 결집한다 묵직해진다

마른 풀을 밟고 지나올 때, 잘린 내 목에서 흐른 피가 불이 되어 내 발자국 지난 자리를 불살랐다 이빨이 풀잎마다 돋아나 모든 뒤꿈치를 노렸다

등허리 어딘가로 자꾸만 감각이 타고 흐른다
흘러내리는 이것의 이름은 무엇인가

(돋아나오는 오래된 감각 돋아나오는 재구성된 기억 돋아나오는)

내가 지나온 곳은 어둠으로 가득 찬 방이었고 동굴이었고
무덤이었고 무덤으로 이어지는 말라 갈라진 땅이었고

(내가 이해할 수 없는 채로 이미 알고 있는)

이윽고 강에 다다라

나는 없는 턱을 괴고 강가에 앉아 무엇을 할까 생각하였다
내 노래 저 멀리 메아리치다 내게로 오지 못하고 사라진다
조용한 속울음만이 물결 위에 일렁인다
그렇게 오래 앉아 생각하였다

* 이 시에 등장하는 이미지들은 세 번째 시집 『캣츠아이』 중 「엄마와의 전쟁」 연작과 「캣츠아이」 연작에서 지속적으로 되풀이되고 있는 이미지들이다. 나의 원초적 상징, 아직도 끝나지 않은 탐구.

제1부 틈

틈새에, 틈새로,

노래와 노래 사이 반짝임과 깜빡임 사이
옹벽을 타고 흐르는 빗물처럼 틈새가 고인다
시간과 시간의 틈새가 아주 잠깐, 멈추어 선다

틈새는 아주 멀리, 내다 버린 돌의 깨어진 심장 속에 있다
봉인, 아니 유폐, 아니 위리안치의 작은 항아리처럼 닫힌다

틈새에 피는 추억은 우연히 새어 나오는 지워버린 얼굴의 흔적
틈새로 스며드는 낡은 멜로디는 가짜 위안 너머로 세심히 숨겨진 뼈 시린 박동

틈새에서 틈새로 돌아다니는 비밀과 거짓말 사이
은폐된 너의 얼굴의 핏빛 상처

더 먼 곳에서 들리네

골과 바위 사이 얼음 같은 틈으로 바람은 비집고 들어와
비명의 흔적을 남기고 간다

심장 깊숙이 들어와 찔리는
휘익 바람 소리 쉬이익 칼 소리 아아주 오래 끌리는 삐이문소리

서로 다른 공포를 감식하느라 소리를 잠시 잊어보는 벼랑 위
한 번만 더 저 날선 비명이 휘감으면 재겨디딜 자리도 없는 강철 무지개끝*

훌쩍 뛰어내리다 바람에 잘려나가며 눈을 뜬다
나는 어느새 비명을 지르며 울고 있다

---

* 이육사의 「절정」 중에서.

울타리

가시를 솜털처럼 둘러치고 있는 찔레꽃 울타리를 빠져나오며 바람은 한숨을 쉰다. 늘 그렇듯이 찢기는 것은 아프다. 찔레꽃 뿌리에 고인 물처럼 아프다. 모든 형체를 감싸안는 무정형이 되기까지 밀려나가고 밀려들어 오는 모든 기억은 아프다.

바람은, 어딘가에 두고 온 바람 한끝처럼 아프다.

처음엔 알지 못했던 것들

원래 우리 집은 낮은 골짜기였던 것을 나는 알지 못하는 사람처럼, 산등성이만 헤매고 다녔어요. 빗물이 후두둑 나뭇잎을 훑고 지나갈 때 한 움큼이라도 더 그 물 끌어안으려 제 몸의 모든 자락을 다 펼치는 그런 가난인 걸 몰랐어요. 해 뉘엿 떨어질 때, 비로소 나는 내가 집이 없다는 것을, 내 집은 이미 진흙과 돌사태에 밀려 입구를 잃어버렸다는 것을 깨달았어요. 고생대의 용들이 아직도 내 고향 골짜기를 점령하고 괴수의 비명을 질러대는데 나는 도대체 어디로 가서 햇볕 바라기만 하고 있던 걸까요.

그런데 그건 아니었어요. 나는 벌써, 내가 먼저 내 집 나무판자 문에다 청동의 손잡이 달린 자물쇠를 채우고, 똑똑 두드려 빈 집을 알린 다음, 나 먼저 떠나왔던 거예요. 썩은 짐승의 악취가 풍기는 모든 옛날을 잠재우려고요. 거인의 발목을 잘라 그 커다란 몸뚱이로 골짜기를 메워 다시는 홍수 나지 않게 하려고요. 키 작은 물푸레나무들이 냇가에서 울부짖지 않게 하려고요. 끝없이 되돌아서는 나의 발목을 노리는 무시무시한 아가리들이 등 뒤에서 나를 쫓아왔어요. 성큼성큼 사뿐사뿐, 걷다가 걷다가 나는 산등성이만 헤매고 다녔어요. 바람과 해에 취해 산등성이만 바라보았어요.

돌아갈 수 없다는 것을 처음부터 몰랐던 사람처럼 나는 멀리 갈 줄 몰랐어요. 내가 두고 온 세간살이들이 얼마나 다정한지, 나는 저녁이 오면 따끈한 차 한 잔 마시며 옛이야기를 하려고 채비를 했지요. 저 멀리서 산이, 부풀어 오르는 해일처럼 일어나 나를 덮치는 것도 모르고……

초를 다투다

나는 물고기. 지느러미 하나 제대로 움직이는 법을 배우려고 삼만 년을 살았습니다. 비늘 하나를 제대로 움직이는 데는 육만 년이 걸린답니다. 물고기 역사책에 기록된 대로 장어가 메기로 진화하는 데는 삼십만 년이 듭니다. 물고기라는 정체성을 지켜내기 위해 내게는 시간이 참 많이 필요합니다. 손도 발도 없는 어류로 태어나, 눈을 뜨는 데만도 도합 삼백이십팔만 구천 년이 필요할 지도 모른다네요. 이 긴 시간 동안, 그 모든 것을 기억하기 위하여, 나의 세포 하나하나가 스스로를 깨우는 데는 도대체 몇 자리의 숫자가 필요할까요.

그러나 알에서 깨어나 찬물 속에 던져진 어린 물고기가 숨을 쉴 것인가 물을 마실까를 결정하는 데는 단 일 초도 걸리지 않습니다. 마찬가지로 회가 될 것인가 탕이 될 것인가를 결정하기 위해 도마 위에 오른 물고기에겐 생각할 일 초의 시간도 없고요. 내 운명의 주인이 내가 아닐 때, 내가 물고기처럼 살아간다고 내게 일 초의 자유가 주어질까요.

골짜기

눈먼 지렁이
벌겋게 살가죽 벗겨져 몸부림치는 지렁이

나는 손
더럼 타지 않는 손

눈물로 손바닥 가득 바다를 모아 등뼈처럼 지렁이를 쓸어 담습니다
내 안의 파란 불 심장 속에서 불타는 돌을 갈아 한 번 베이면 다시는 아물 수 없는 독한 칼을 만들어 허공에 대고 쓰윽쓱 긋습니다. 하늘에 구멍이 납니다

천사의 하루

천사는 기침을 하고, 천사는 허리가 구부러졌다. 천사는 오늘도 바쁘다. 고작 사십육억 년 뒤면 사라질 지구를 위해 하느님은 일할 생각을 하지 않는다. 할 수 없이 천사는 눈물 바람으로 이리저리 뛴다. 엄숙한 모든 음악도 경건한 기도도 사라졌다. 믿음이란 말을 천사는 이해할 수가 없다. 모든 숨구멍으로 분노가 빠져나간다.

로시난테의 늙은 주인처럼 목을 꺾고 졸고 있는 초라한 시간. 이 하잘것없는 구경을 하려고 그 먼 시간을 왔다는 말이냐. 그러자 말은 항변을 한다. 말뚝에 묶여 있어 내가 한 것이라곤 감았다 풀었다 한 것밖에 없습니다. 백만 번을 감은들 거기서 거기지요. 내 둥근 발자국 주위로 우주가 지나간들 나는 뒷모습만 보았을 뿐이오. 천사여, 내게 바깥을, 희망을 보여주오.

천사는 손을 길게 벋어, 나뭇가지를 가리킨다. 이 나무처럼, 싹트고 자라고 말라 죽으세요, 제발.

그러자 세상이 손 안에서 시들어갔다. 천사는 만족해야 할까?

역류의 위치

역류는 지하철에서 시작된다.
도시의 아이들이 집단 식중독으로 폐사하고
아이들의 빈자리에 노숙자들은 들어갈 수가 없다.
아침 하늘이 먼지 가루가 되어 떨어진다.
어제는 어깻죽지가 빠지고 오늘은 지갑이 털린다.

이 거대한 병렬의 규모, 줄지어 기다리는 빚쟁이들의 만찬
아무것도 변화시킬 수 없는 바에야
나는, 그러니까 나는 무엇을 한 것일까
오호라, 역류를 일으켰다고?
저 깊은 지하, 강바닥을 달리는 기차의 숨통 속으로
더러운 강물이 침입하는 것을 막지 못한 개가를 올렸다고?

기차는 천천히 뒷걸음질 쳐 강물 속으로 들어간다.

새를 날려보내다

한 마리 새가 여기에 있다
새라고 나는 인식했다
부패의 향기가 나를 질식시키는 뜨겁게 상한 심장

상처를 피처럼 샘솟게 하는 힘

가슴을 갈라 새를 날려보낸다
희망을 버리고 안식을 찾는 상한 영혼처럼

제2부 스며들다

마음의 절반을 가르며 달이 날아간다

달이 차오르고 있다
벌어진 상처에 살이 차오르듯이

용서와 화해와 치유의 가면을 쓰고
돌이킬 수 없는 흉터를 쓰다듬으며

달이 차오른다
가파른 내리막을 굴러가기 전 호흡을 가다듬는 바윗돌처럼

표적을 가리키는 손이 닦아놓은 거울처럼

닌자는 손을 들어 재빠르게 달의 목을 칠 것이다
표백된 피의 비가 촉촉히 내리는 아침이면
사람들은 알 수 없는 영혼의 기침에 가슴이 아플 것이다

하나의 정신이 배회하면서 벚꽃잎

이 큰 우주의 한 점 먼지 또는 한 톨 물방울이란 생각은
겸손을 가르치기에 적절하지만
근원적인 맹점이 있다
바람이 가지 끝에서 꽃잎을 탈취할 때
기꺼이 날아 사라지는 것이 의지라고
가르쳐야 하는 그것이 맹점

엷디 엷은, 백만 배로 희석된 핏빛같이 엷은 분홍의 이파리들이
연초록 뾰족한 입술에 자리를 내어주며 눈보라처럼 날리는 것이
말해봐, 당신! 아름다운가?

모든 허무의 꼭짓점에는 딱 한 가지
이쪽 세상과 저쪽 세상의 경계에 어리는
눈물도 아니고 통증도 아니고 그저
감정이 있다

아름답다고 말해야 한다고 생각하는
그래서 아름다워지는

풀풀 날리는 벚꽃잎들이
세상에서 지고 있다

펄펄*

눈도 펄펄 내리고
열도 펄펄 끓는다
당신은 화도 펄펄, 내더라

펄펄
펄럭이는지 펄떡이는지
가늠할 수 없는 깊이로 뱃고동 불어와
잠깐 사이에 세상의 앞면 뒷면을 바꾸는
들끓음

왜 그것의 이름은 펄펄일까
눈 내리듯 세상이 지워질 때
열병은 정신을 한복판에서부터 지워내기 때문일까

알 수 없는 일들 때문에 마음이
다친 생선처럼 펄펄 뛰기 때문일까

소복소복 내리는 눈
눈이 내리감기는 미열
사이로 은폐되어 가는
조용한 거짓말들이 있기 때문일까

펄펄
끓어오르는 희디흰

---

* 최정례의「팔월에 펄펄」이란 시에서 영감을 얻어.

캄캄

바람이 불어온다
불어오는 바람은
무슨 생각으로 불어오는 걸까
어떤 언어도 없이

어루만지면서 불어오는 바람은
벌써 목련꽃잎을 너무 벌려놓았다

더 활짝 피어
스스로 더 갈 데가 없을 때까지 피어

터져 나오는 목숨으로 피어, 라고 말하는 걸까
그리고 나는 왜
듣는 걸까 낙화라고

캄캄한 봄날이 더 캄캄해진다

우울한 랩소디

그녀는 우울하다
빨래를 할 때 우울하다
우는 아이를 때릴 때 우울하다
유리창을 깰 때 우울하다
그녀의 우울을 가시게 할 비법은 없다

그녀는 랩소디를 듣는다
랩소디는 우울하다
비명은 우울하다
현을 켜다 말고 자살해 버린 바이올린 주자는 우울하다

랩소디를 그치게 할 방법은 없다
왜냐하면
우울한 랩소디를 듣는 사람은 우울한 사람이기 때문에

무한반복의 짧은 소절 안에
한 생애가 갇혀버린다

놓다

'놓다'는 동사가 아니다. '놓아드리겠습니다'는 동사가 아니다.

그건 두려움을 드러내는 상태의 서술어. 이젠 내 힘으로 살아남아야 한다는 것을, 어쩔 수 없이 아는 자의 절규.

해가 떨어진다.

어두워지기 전에 어두워질 것이라고 말하는 일과 같다.

초승달 다음 보름달이 오고 열매 뒤에 죽음이 온다고
말하는 일과 같다.

옥상에서 뛰어내리면
그림자가 잠시 후 따라 떨어지는 일과 같다.

놓아버리면
떨어지는 것과 같다.

스며들다 1

환기시키는 힘을 강렬하게 지닌 언어가 있기 때문에
시는 늘 무언가에 대한 시가 되려 한다.
그러나 나는 늘 똑같은 시를 쓰고 싶다.
당신을 그리워하는 대신 내 앞으로 가지고 오는 시.
그려내고, 정지시키고, 순간이란 없을 것처럼 늘여내는 시.
이 균열을 따라, 방금 내가 만들어놓은 이 텅 빈 장소로 당신을 데려다 놓는 시.
촉수를 벋어 당신의 잠든 밤을 어루만지고 영혼을 빼앗고 불안을 흩뿌리며
다시는 오지 않을 내일을 오지 않게 하려는 전쟁을 준비하며
스며들어, 모든 밤을 고정시킨다 못 박는다 이렇게.

스며들다 2

낯선 당신의 얼굴
위에 빛이 어린다
의심으로 가득 차
두 번째 세 번째 톱니의
앙다문 틈새로 새어 나오는 신음같이
좁고 날카로운
빛은 어둡다

익숙한 한숨
을 조이며
목덜미는 축축해진다

새롭되 새롭지 않은 실험
가슴이 쿵 떨어지는 이별의 말 대신
당신의 얼굴
위에 어리는 빛, 낯선

왜 당신을 당신이라 부를까
누구세요, 라고 하는 대신에

낯설다, 는 말이
당신을 낯설게 만드는 동안
조금씩 스며들어 사라지는 것은
언제나 내가 기억했던 얼굴
지워지고 없다

내린다

눈 내린다
붕대 감듯
천연스레 내린다
어디선가 얻어맞은 자의 피멍이 터져
붉은 점으로 지구를 얼룩지게 할까 봐
조용조용 덮는다
소음을 잡수시며 조용조용
떠요떠요 봉고차들이
장기투쟁 '근로자'들의 초라한 막사를 덮칠 때
쉿 쉬잇 막아준다

아 제기랄 내 입
닥치게 하려는 듯
입안으로 내린다

제3부 기다리는 능력

밤이 오면

하루를 사용한 무릎 관절은 뻣뻣한데 마음은 오히려 부풀어 오르고 영혼은 집 밖으로 나간다. 도시가 이토록 밝지만 않다면 아마 달이 반겨주겠는데, 달도 별도 은폐된 밤. 어딘가에선 살인이 일어나고 또 어딘가에선 비명과 유혹의 시간이 깊어가는데. 밤새 여는 카페의 소파 구석에 파묻혀 나는 졸다 깨다 밤고양이들의 외출을 반기고, 구석에선 탱고가 낡은 육체들을 수선하는 그런 장소, 환하다. 무거운 영혼이 가벼워진다.

휘영청할

달이 비가 되어 퍼부으면
모든 게 은빛 나는 달 아래 하늘
오래 못 씻은 옷깃도 반짝거려
명절이겠지

심장을 갈라 잘 털어서 널고
가죽은 다듬어 넓게 편다
이로써 깃봉과 깃발을 만들었으니
너의 단단한 마음
깃대가 되라

오래 가야 하는 길에
먼 우주로 가는 지도를 그려 넣으라
이마의 핏줄이 다 터지도록 귀 기울여 들은 한 마디

비로소
얼굴을 가진 그대여

아직 너의 이름은 모르지만

노인이 걸어갈 때 노인은 걸어가는가

결단코! 비틀거리지 않는다
내 이 땅을 무려 팔십여 성상을 디뎠더니라
얼마나 단단한 걸음이었겠는가
반복과 지속이 가져다준 이 숙련된 걸음
한 걸음마다 겸손하게 길을 열어주는 봄의 공기 속을
팔십 년간 내디뎠던 그 자세와 태도로
노인과 땅은 만나고 헤어지며 먼 길을 함께 걸어왔다

그러나 왜 멈추어 서실까, 어르신
왜 뒤돌아보실까, 어르신
걸어오느라고 무수히 흘려버린 것은
발자국들은

노인은 하늘을 우러르며 한숨을 쉰다
그가 들이키고 내뱉은 이 많은 공기들이 다 어디로 갔을까
아무것도 달라진 것은 없다는 말인가
심지어 전쟁도 살육도

내딛는 걸음 앞에 새겨두지 못한 것들이라면 모든 사랑도 그리움도
지금 무릎을 꺾고 잠시 넘어지기만 하면
사라져버리는 모든 것임을 노인은 안다

그리고,
잠시 다시 고개를 들어
사층 창가의 나를 보고 웃는구나
당신, 누구세요?

바람이 말했다

당신이 진실로 민감하다면 알 것입니다
내가 숨을 들이킬 때
아주 작은 진공이
우주의 틈새에 만들어진다는 것을
그 진공으로 겨우내 꼬물딱거리던 생의 기미가
아, 줄탁동시, 비어져 나온다는 것을

지나가던 어린 벚나무 꽃눈에 당신이
호 하고 입김을 불어
저 어린것이 힘들게 기지개 펼 때
당신의 입김으로 틈새를 메꿔야 한다는 것을
동참하셔야 한다는 것을

봄이 오기 위해 해야 할 이 많은 일들이
우리의 이 깊은 한숨이
얼마나 숨차고 가쁘고 후달리는 것일지
벚나무도 알아주면 좋으련만

너무 하염없이 지려고만 하네요

어쩌면 좋을까요, 당신?

천지창조 연습

첫째 날, 우린 혼돈이면서 조금씩 자기 속에 가시를 키웠다
둘째 날, 그가 와서 우리 속의 가시를 뽑아갔다
그는 뻣뻣한 가시로 태양을 짜느라고 손이 갈라지고 피가 흘렀다
셋째 날엔 그 피가 고여 바다가 될 참이었는데
이야기는 그렇게 풀리질 않았다
첫째 날 혼돈은 사실은 질서 정연한 도시였다
우린 자기 속에 그물을 키웠다
그가 와서 그물을 혼돈 속에 던졌다

그것이 둘째 날이다 그는 많은 그물을 잡았다
셋째 날엔 그물을 위하여 돌멩이를 만들었다
그런데 이 이야기도 틀렸다
첫째 날엔 혼돈은 생기기 전이었다
우리는 퍼즐 조각 맞추길 하고 있었다
한 조각 맞출 때마다 퍼즐은 네 조각씩 불어났다
둘째 날이 되자 세상은 퍼즐로 가득 찼다

우린 그걸 혼돈이라 이름 붙였다
셋째 날에 그가 와서 혼돈을 상자에다 쓸어 담고는 우릴 야단쳤다
그리하여 넷째 날이 생겨났다
이 이야기도 잘못되었다
첫째 날엔 오리와 양들이 있었다
그리하여 이불과 베개가 있었다
둘째 날엔 잠자는 숲 속의 공주
셋째 날엔 신데렐라
넷째 날엔 새파란 수염이 달린 사과가 온다

우린 넷째 날에서 끝난다 더 이상 연습할 수가 없다 왜냐하면 오늘은 진짜
첫째 날이기 때문에
바다는 입맛을 다시면서도 태양을 토해주고
검은빛은 흰빛에게, 그리고 푸른빛에게 자리를 내주고
여전히 우리는 붉다 그리고 통통하다

으스스우수수 또는 기다리는 능력

으스스

늑골 언저리로 손 하나가 들어와
세상에, 핑거핑거 튕기기까지 하네
아프다 말할 것도 잊고서
이다음 어느 뼈를 건드릴까 기대감에 차서 기다린다
기다리는 것은 나의 능력
손가락엔 눈이 없어 오직 더듬을 뿐
굉장히 오래 기다리게 될 수도 있지만 진도를 잊을 수도 있지만
그래도 내 능력은 오직 기다림뿐이라서
이 새로운 감각을 아픔이라 안 부르고 놀람이라 부르기로 한다
놀라는 동안 영겁이 무사히 지나갈 수도 있는 법이어서

우수수

더듬는 손가락 아래로 세포들 사이로 길이 난다
그 길로 마른기침이 낙엽처럼 떨어져 쌓이기까지 한다

저기 가장 먼 촉수, 눈을 감지 그래, 불러들이지 그래, 새로운 안의 길로 돌아오지 그래

이마도
이 비법에 통달하면 나는 새로운 도시 하나를 가지게 될 것이다 거기엔 손가락 끝에 눈이 달린 ET들이 살고

어두운 상점들의 거리*

절전 상품들이 늘어선 거리를
눈먼 노인 하나가 헤쳐간다네
비틀거리며 앞서가는 늙은 길고양이의 안내를 받으며

노인은 이 거리의 중요한 상품
눈먼 현자라 불린다네
요령 있게 그의 길을 막으면
지팡이와 함께 예언적 욕설이 날아온다네

이 쳐 죽일! 멀쩡한 것들이 발바닥 두 개만큼의 길도 내게 허락을 못해?

선택은 당신의 자유
석 달 시한부 인생이 멀쩡해져서 돌아가는 기적을
매일같이 볼 수 있는 이곳은
어두운 거리

길가에 늘어선 집들이 무엇을 파는지는 알 수 없다네
어두우니까

---

* 파트릭 모디아노의 동명 소설에서 제목을 따왔음.

나부끼거나 찢어지거나

그러니까
이것은 깃발에 관한 시입니다

나부끼는 것은 또한 찢어지는 것
더 높이 더 높이
매달고자 한 병사가
온몸을 표적 삼아 품고 올라간 그것

병사의 몸에서 흐른 붉은 피가
적기로 나부낄 때
비로소 시작되는 동통
심장의 붉은 피가 검어질 때까지
묵직한 깃발

오로지 남은 것은
젊디 젊어 아직 물고기도 키울 만한
커다란 응시

그는 무엇을 매어 달고 싶었던 것일까요
희망 없이 사랑하고
미움 없이 죽어갈 자신이 없다면
오르지 말았어야 할 저 깃대에 매달려
그가 외치고 싶었던 마지막 말은

단지
상상할 뿐인 그 마지막 말에
나부끼거나 찢어지거나
그런 역사가

밤을 다하여 걸어가도 끝나지 않는
그런 미래가

보름달을 기다리며

달아, 보내주겠지, 가시보다 더 날카로운 너의 빛을
헤집어, 얼음장 가슴에 한 치 균열을

보내주겠지
오래 잊었던 꿈을, 이파리들로 가득한 자작나무 숲을
살랑거리며 어루만지며 솜털보다 보송한
너의 빛을

달무리도 안개도 없는 청명한 가을 하늘

달아, 가져가겠지, 기도를,
두 손 모은 간절함을
토막 난 강과 우울한 죽음 위에도 차별 없이, 공평하게
은의 그물을 덮어주겠지

달아, 올가을엔, 달아

제4부 침묵

에스컬레이터를 탄 시인

시인이 에스컬레이터를 타고 있다. 그는 커다란 비닐봉지를 양손에 들고 봉지 안에는 두부 한 모, 그리고 지하실이 들어 있어 나머지는 무겁다. 무게에 눌려 점점 바닥으로 가라앉는 그를 지탱하는 것은 알다시피 튼튼한 무쇠 벨트다. 이 허공에서 저 허공으로 시인을 배달하는 느린 속도의 계단 위에서 시인은 시인답게 이렇게 한 칸씩 진보하는 역사를 사유하고, 발을 헛디뎌 무릎을 깬다. 난간을 꽉 잡으세요, 피를 보지 않으려면 난간의 의지에 매달리세요. 천천히, 에스컬레이터처럼 어지럽게 시인은 에스컬레이터 위에 멈추어 있다.

어떤 슬픔은 어떤 기쁨과 마찬가지로 결코 시가 되지 않는다. 시의 진열대 위엔 에스컬레이터 앞에서 육중한 몸을 겨우 내려놓는 발의 슬픔과 비뭇데머 넣었다가 꺼내는 신용카드의 슬픔이 식소재 광고판 위에서 번쩍인다. 결코 시로 써서는 안 되는 남겨진 비밀. 비밀, 더 많은 비밀. 리듬 없는 인생과 날아가 버린 광채, 외로이 마네킹의 어깨에 걸

쳐진 내 마음의 왼손 같은 저 앙상한, 저 무수한, 저 가엾은 흩어지는, 저 반짝이는, 저 둥글게 말리는 말려서 안으로 사라지는, 그러니까 절대로 말하는 법이 없는 떠리미 채소 같은 불합리의, 저 대형 슈퍼마켓 한 귀퉁이에서 시인은 길 잃은 양처럼 순하고 두렵다.

차별 없이, 차별 없이, 남김없이, 남김없이, 생애의 모든 조각들을 시로 말할 수 있다는 위대한 시인들의 등 뒤에 숨어, 내려가는 에스컬레이터에 통째로 실린 지극히 산문적인 슬픔. 시의 날아가 버릴 듯한 광채 뒤에 숨어 일상은 공연한 날개를 달고 누추한 삶을 휘발시킨다. 이렇게 많은 사람들 이토록 많은 소음 속에 남겨진, 말해지지 못하는 단 한 마디 말. 시인은 에스컬레이터를 타고 지하실의 슈퍼마켓에서 두부를 사서 지상으로 올라온다. 그의 모직 코트는 너무 크고 너무 낡았다.

로자 룩셈부르크*

나는 가장 비열한 방법으로 당신을 모독했다. 살아남았다. 들이밀어진 마이크와 수첩 앞에서 중얼거렸다. 당신이 틀려요 로자 룩셈부르크. 이 수치를 피하기 위해 나는 더 오래 살아남아야 한다. 세상 모두가 나를 잊을 때까지.

---

* 그는 머리가 짓이겨진 채로 더러운 물 속에서 발견되었다고 한다. 말을 했다는 죄명. 장준하는 머리에 구멍이 난 채로 바위 위에서 발견되었다. 말을 했다는 죄명.

두려움에 관하여

나는 광장에서 사람들을 목 놓아 불렀다. 야호, 하고 소리치는 정복자처럼.

내 목소리 홀로 쟁쟁거린다.

광장으로 면한 집들의 창문이 닫히고 커튼이 내려오고

사람들은 등을 돌리고 골목으로 숨어들어갔다.

흡사 여섯 손가락의 대왕이 하늘에서 내리꽂히기라도 하는 듯

광장 한가운데로 침묵이 만들어놓은 거대한 산이 솟아올랐다.

이렇게 말하는 것은 모호하다, 모호한 모든 일들이 이 명료한 시대에는 공포가 되고 죄가 되므로

나는 이렇게 말해야겠다, 광장은 텅 비고 싶은 열망으로 사람들을 피한다고.

아니, 더 명료하게 말해야겠다. 당신의 귀는 당나귀 귀라고.

나를 초라하게 만드는 것은 이 거대한 텅 빈 산의 압도적 규모뿐만이 아니다.

그 산의 비탈의 기울기의 낯설음, 분명 미끄러져 내릴 것이 틀림없는 산사태처럼

아무도 그 산으로 들어가지 않는다는 엄연한 사실이 두려웠다.

두려움, 그것이 나를 초라하게 만든다.

한없이 익숙한 얼굴들이 어느샌가 낯설어지는 도시의 광장에 서면!

평택 가는 사이렌* **

멀리 어딘가에서 사이렌 소리 자꾸 들린다.
이 소리는 누군가의 불행을 알리는 소리.
차츰 가까워진다.
내가 아는 누군가가 불행할지도 모른다는 소리다.
겨울비처럼 내리는 봄비 맞으면서 사람들은 평택 간다는데
평택에서 울리는 사이렌은 멀어서
내가 모르는 사람들의 불행인 것일까.
귀 막고 엎드리면
왼쪽 가슴팍 어딘가에서 시작해서 내장을 빙글빙글 헤집고 달려가는 사이렌 소리.

---

* 평택은 "우리는 실패하고 있다"라는 이름, 그러나 "포기는 없다"라는 이름. 평택은 "나는 외면하고 있다"라는 이름, 그래서 "비겁하다"라는 이름.
** 사이렌은 유혹하는 여신의 이름. 유혹은 두렵기에, 사이렌은 경고하는 여신이 되었다.

나는 개

왜 개는,
개 패듯 패서 죽이는 걸까.
모든 짐승은 단칼에 단숨에 죽여주면서
충직한 죄밖에 없는 개는
도둑 지켜주고 손등 핥아준 죄밖에 없는 개는
왜 개 패듯
개 패듯
개 패듯
달아매고 불 지르고 나무에 매달아 구경시켜 가며
죽이는 걸까.

그러니까, 나는 개.
주인님인 역사가
나를 개 패듯 팬다.
내가 개
임을 알라고
그래서 다시

물어야겠다
주인 놈의 손등을
멱을
드디어 두 발로 일어서야겠다

이 각성에 이를 때까지
개 맞듯
개 맞듯
개 맞듯
맞으면서

조용히 끌려가야겠다
조용히
고요히 잠잠히
가스 연기로 비누로 한 줌 금이빨로
사라져야겠다

나는 개.

장엄미사

천둥 벼락에 잠이 깨어 그리운 당신을 생각합니다.
어디에 있나요. 내 목소리 들리나요.*
그쪽 하늘에도 통곡처럼 비 쏟아지고 모처럼 장만한 새
신발이 젖고 있나요.
이렇게 비 내리면
당신에게로 건너갈 외나무다리 떠내려가고
강물만 깊어져 울며 흘러갑니다.

저 어딘가에서 진노하는 신들의 이마가 서로 부딪는 소리
표적을 잘못 찾은 창이
깊게 당신의 옆구리를 꿰뚫는 소리
신음도 없이 당신이 멀어지는 소리

말없이 입성을 갈아입고
당신이 문밖으로 나가는 것을
아무도 붙잡지 않는 소리

그리운 당신을
그리워하지 않은 죄가 너무 깊어
잠 밖으로 쫓겨나 비의 탄식을 듣습니다.

속수무책 이 눈물
대한문 앞 노숙의 천막을 적시고
한뎃잠 자는 모든 이의 이마를 근심으로 어루만지며
스며들 데가 없어 당신의 발자국에 고여 들며 젖어 오르며
깨어져 구르는 구럼비에 멍들고
퉁퉁 불은 정구지 밭을 지나
시가 말라버린 시인의 입술에
매달리는 이 눈물

어디로 가나요 내 목소리 들리나요
그립지 않아야 할 당신을
그리워하는 죄가 너무 깊어

* 어디에 있나요. 내 목소리 들리나요.—김연수의 『밤은 노래한다』의 한 구절과 영화 〈시〉의 〈아네스의 노래〉의 잔영.

고개 넘어

—종군 위안부 정서운 할머니의 죽음에 부쳐

고개 넘어 가는 상여는
상두꾼이 없어 넘지 못하네

긴 봉화, 온 마을 사람들 잠든 꿈속을 홀로 헤매고
날선 손톱이 들어와
싹둑, 처녀의 보들한 가슴을 도려내었네

친일부왜(親日附倭),
부끄러운 조국도 조국이라고
피 흘리며 처녀는 돌아와 이 땅의 한 그루 나무처럼 깊이
스며들지만

마을은 잠들어 있네
아직도 끝나지 않은 식민지의 삶

날리는 눈발 속으로
스스로 괜찮타를 되뇌던 미당도 가고

내선일체가 그토록 애달파 아리따운 처녀들을 바치던
윤숙도 가고

이제는 잊어버려도 좋은 일인 듯 마을은 잠들어 있네

잠들면 모든 부끄러움을 다 잊는다는 듯이
꿈속에서 독립 만세 부르고 있네

당신의 가슴,
거기 빛나는 심장, 모두가 잊어버린 우리의 뜨겁고 슬픈 역사
당신의 가슴에 매달아두고 모두가 잊어버렸네

당신의 죽음이 얼음을 깨는 바늘이 되어
한 땀 한 땀 우리 심장에 당신의 기억을 우리 것으로 아로새길 수 있을까
잠든 사람들의 뇌수를 쪼는 독수리처럼

당신의 죽음이 벼락이 될 수 있을까

상여는 슬픈 몸이 무거워 넘지 못하고
한 줌 사람들의 울음이 고개 넘어 가네

안녕히 가시란 말 한 마디가 무거워
치마폭에 장강보다 긴 저녁 강물을 담아두네
앞으로도 오래
오래 이 강물에 더운 얼굴 묻어야 하겠기에……

생의 엣지에서*

—김진숙에게 어느 지식노동자가**

말하고 싶었던 건지도 몰라
누구에게나 벼랑은 있다고
85호 크레인의 저 고된 노동의 철판에 있듯이
하루를 마감하고도 잠 못 이루는 내 날 선 신경에도 엣지는 있다고

김진숙, 그를 최전방이라 말하고 싶지 않은 나의 벼랑은 어디?
하여튼 있다고

내 노동은 지성적이고
내 노동은 소금꽃을 피우지 않는 담백함이고
내 노동은 빵보다는 장미여서, 엣지있다고

김진숙, 그가 허공에 스스로를 걸어놓고
뚜~~뚜~~뚜~~ 트윗! 트윗! 트윗! 생을 버무린 SOS를 날릴 때

어쩌라구, 내 생애에도 단애는 있다고!

이런 고립, 이런 등 돌림, 이런 침묵

김진숙, 그의 100일, 또 100일이 이어질 때
홀연히 잠의 더께를 걷어내고
목매달고 뛰어내린 이름들이 걸어온다
김주익, 이해남, 이용석, 곽재규……
숨을 곳이 없었던 태풍 매미의 밤에
죄짓지 말고 살자고 착한 고층 아파트 주민 너와 내가 서로에게 속삭일 때
무죄 증명이 없었던 그들은 엣지에 선다
내가 용케 피해 살아온 벼랑 끝에 선다

허공에 걸어둔 저 무쇠의 방 마지막 층계
하루하루 여위어가는 노동의 헛된 발걸음이 걸린 저 무쇠 벼랑의 난간

엣지, 시퍼런 베임. 날선 칼끝.

김진숙, 그가 나를 몰고 온 곳은 엣지있는 곳
죽음을 딛고 죽음을 넘어
생을 생생히 날 서게 하는 엣지

허공의 방 한 칸에 견고히 뿌리내린 그의 두 손을 잡고
자유와 노동이 손을 꼭 잡고
날아오를 밖에는 길이 없는 이곳까지

그는 나를 몰고 왔다. 비겁한 계단 앞까지.

---

* 2000년대의 어느 날 배우 김혜수가 말했다. '엣지있다'고. 이 칼날 같은 말은 그 순간 허방에 울타리를 두른다. 나의 엣지와 김진숙의 엣지를 구별 짓는 이 엣지.

** 김진숙은 한진중공업 해고노동자이자 『소금꽃나무』라는 책을 쓴 작가다.

유리를 깨다

유리병을 깨었다, 아니 깨어들었다
톱니처럼 칼날 베어 물고 자해와 폭력의 어중간한 각오를 벼리는 초록색 소주병

저 손은 내 손이다 아니 너의 손이다
거꾸로 감기는 필름처럼 내 손에서 너의 손으로 넘어가는 잘린 손목 같은 병 모가지

투두둑 떨어지는 것은 밤을 알리는 새들

이상한 결투의, 종적 없는 분노의,
밤이 자꾸 깊어가는데
마지막 조각까지 쓸어 담으려는 손바닥에 자꾸만 핏금이 어린다

침묵이 말하게 하라

새벽녘 잠의 흐릿한 안개를 뚫고 한 노인이 배회하고 있다
천상을 향하여 곧추서기만 한 침엽수들의 숲에 찔리면서

이 숲 속의 무엇이 그를 슬프게 하는가

목줄이 풀린 채 낯선 길에 버려진 늙은 개
탯줄이 목에 감긴 숲의 아기들

북소리, 숲의 가장자리에서 바위가 부서지는 소리
빗소리, 늙은 전나무에서 솔방울 떨어지는 소리

죽으러 가는 짐승들의 질질 끄는 발자국 소리
말라가는 열매들의 주름지는 소리

으스러지는, 으스러지는,
등뼈가 으스러지는 시간의 비명소리

정말로 그를 슬프게 하는 건

이 모든 슬픔을 간직한 채로
오억 년이나 늙어온 저 돌에는 입이 없다는 것!

칼

칼인 줄 알았더니 모래였네
화살인 줄 알았더니 모래였네
시간인 줄 알았더니 모래였네

모래 위의 집이었네
봉인된 집에 가득 찬 침묵이었네

침묵이 그칠 때 비로소
칼이 되는 모래였네

제5부 사랑은 왜 야만인가

모든 사랑은 첫사랑

—우리들의 사랑법 1*

모든 글자들은 새로 쓴 글씨
글자와 글자 사이 빈틈을 찾아 새기는
최초의 얼룩

그렇게 모든 사랑은 첫사랑
밟히고 분질러진 꽃대궁 사이 간신히 잎사귀 하나 남은 것처럼
그렇게 새로 시작하는 것

내 손가락은 바스락지 낙엽을 가루 내면서
낡은 심장을 뒤져 전례를 찾아 헤맨다
새로운 사랑을 이해하기 위하여

얼굴들 속의 낯선 얼굴
새삼스럽게 생경해지는 작은 목소리
다 알고 있었던 흠집이 손끝에 날카로워질 때

사랑, 이라고 말한다, 입술 사이로 핏물이 진다.

---

* "우리들의 사랑법"이란 제목은, 사랑에도 '법'을 부여할 수 있다는 강은교에게 빚졌으며, "모든 사랑은 첫사랑"이란 말은, 사도 바울의 '처음에 품었던 사랑'으로부터 가져왔다. 나중에 찾아보니 '모든 사랑은 첫사랑이다'라는 제목의 수필이 있었다.

공습경보

—우리들의 사랑법 2

밤하늘을 메아리치는 불온한 서치라이트
해방도 혁명도 없이 도둑처럼 엄습한다
이게 당신의 답이야? 말해보아, 이게 당신의 꿈이야?
스며드는 서치라이트

빛과 빛 사이 암전, 그 짧은 적막을 지나
나는 훔쳐가길 기다리는 보석처럼 진열되었다
해방도 혁명도 없이 해체되었다

바리케이드
앞에
총알처럼 묶였다
예견된 살육의 희생양, 또는 집행자

너는 나를 본다 서치라이트
무엇보다 골똘히
내 안에 답이 있는 듯이

해방도 혁명도 아니라면 사랑이란 무엇인가
서치라이트는 무엇을 샅샅이 훑는가
한 줌 온기에 서식하는 공존의 꿈
어안이 벙벙해지는 저 도저한 욕망 앞에서
뒤돌아 남몰래 손을 꼭 잡고

좌회전해서 직진한 다음
절벽이에요
그런데 그냥 달리세요
탈주, 사랑은 욕망하지 않고 함께 있고자 할 뿐이라고
추락의 마지막 순간까지 함께 있고자 할 뿐이라고
나는 작은 소리로 말한다 목을 쥔 거대한 손아귀에 힘이 들어간다

나는 다시 말한다 서치라이트
찾는 것은 없어요 눈을 감아요 빛을, 빛을

꺼버려요 그리고 들어요
세상이 한숨 쉬는 이 소리를
그리고 달려요
돌파해요, 절벽 너머로

이 짧은 순간을 영원으로 만들어요
모든 얼굴들이 똑같아지고
모든 시간이 현재가 되는 순간
나는 당신과 함께 있고
그것으로 충분해요

사하라

—우리들의 사랑법 3

무거운 모래는 땅 속으로 흐른다
그리움이 마음 밑바닥을 흐르는 강이듯

뜨거운 한낮과 추운 밤이 번갈아
마음의 습기를 제거하고 마지막 남은 눈물도 말려버리면
미라, 영원히 현존하는 죽음, 의 자세가 준비된다

모래산 백만 개를 옮겨놓을 폭풍이 불고
모든 오아시스에 우물이 마른다

오, 사하라, 너의 모래는 꿀 같고 꿈 같다

겨울비

—우리들의 사랑법 4

우박처럼 내리는 겨울비 속을 우장도 없이 달린다
무거운 비가 스며들어 심장은 차다
근대의 몰락 같은 겨울이 내려앉는다
뒤떨어진, 덜떨어진, 하고 욕하며 겨울비는 내린다

쇠창살 같은 빗줄기 속에 우산을 내팽개치고
비와 나는 팔짱을 낀다 낮은 포복을 한다
거리에서 짱돌을 드는 저 무모한 추위
꽁, 꽁, 앓는 소리를 내며 얼음장은 깨지고
이 촌스러운 시위에 어둠을 더하듯, 겨울비

비가 중금속처럼 내려 누군가에게는 구멍을 내고 누군가에게는 납 같은 가슴을 얹는다
세상의 고미거리들이 발바닥에 고인다
상기두생 하는 노동자의 기타 소리처럼 고인다
이럴 때, 당신을 그리워하는 건 도망이다
철조망에 찢긴 삼팔선의 사슴처럼 도망이다

그래서 도망중
도망, 도망중

겨울비가 쫓아온다 용광로에서 쏟아지는 쇳물처럼

열리다, 라는 신화

—우리들의 사랑법 5

늘 되풀이되는 꿈은 문 앞이다. 문을 여는 꿈. 여는 꿈. 저 문을 열기만 하면 하고 애타는 꿈. 닫힌 문 앞에서 뒤돌아선 다음, 벽이 된 문 너머 모든 것을 잊기로 한 그날 이후로, 밤과 낮은 다른 추억에 점령된다. 문이 닫힌 게 아니었다고, 조금 늦게 열렸던 것뿐이라고 당신은 말한다. 그런데도 낮의 시간은 흘러가 버렸다. 한 번 돌아선 길을 뒤로 갈 수는 없어서 자꾸만 나는 문에서 멀어지고, 밤새도록 달려 다시 닫힌 문 앞에 선다.

꿈이었으면 좋겠어요. 아니, 꿈도 아니었으면 좋겠어요. 문 뒤에서 당신은, 열리지 않는 문 뒤에서 당신은, 봉인된 꿈이 되어가면서 당신은, 외친다, 조금 어긋났을 뿐이라고, 조금 늦게 도착한 것뿐이라고, 거울 앞에서 말한다. 익숙한 연습처럼. 매일 밤 꿈에서도 어긋나면서 당신은.

어긋난 길을 되돌아가도 여전히 어긋난다. 아주 잠깐, 십 초? 이 초? 일 초? 눈 한 번 감았다 뜨는 만큼? 순식간? 어긋나 버려도, 어긋난 것은 길이 아니라 시간이기에, 어긋나다, 를 발하는 순간, 우주가 달라졌다. 한 발짝 떼었을 뿐인 그 순간 이 별에서 저 별로 건너가 버렸다. 그땐 몰랐어요, 라고 문 이쪽 저쪽에서 누가 흐느끼는지 당신도 나도 모르지만.

당신, 얼굴을 나는 알지 못하네
휘장을 걷기도 전에 휘장은 무너지고
숲이 불타기도 전에 베이었기 때문이지
거룩한 신화가 기록되는 동안
당신이 신화를 쓰는 동안
장작더미에 올라간 것이 누구인지를 당신도 나도 모르기 때문이지

불가능에 대한 잠언

—우리들의 사랑법 6

사랑은 도둑처럼 왔다가 해일처럼 간다

무너진 담장을 수선하지 마라
모가지가 꺾여 후두둑 마른 꽃잎을 놓치는
저 마른 꽃대궁이를 아파하지 마라

깊이 새긴 이름
가벼운 손짓에도 살갗에 이는 소름
심장까지 직격으로 가 닿는 그리움의 동통
어쩔 줄 몰라 하지 마라

해일이 너와 나의 집을 차별 없이 움켜쥐고
유유히 후진할 때
거기 소용돌이치는 저 젖은 일기장이 너의 것이든 나의 것이든
구별할 방법이 너는 있느냐

오로지 사랑은, 머물 때만 사랑일 뿐
파괴와 복종과 비난과 증오 사이에서 헤매더라도
사랑일 때만 존재할 뿐

그러니 지축이 기울 만큼 사랑하지 마라
해일이 곧 닥쳐오리니

사랑은 왜 야만인가

—우리들의 사랑법 7

꽃은 시들면서 생각한다
내 사랑은
열매 맺고자 하는 거라고

열매는 썩으면서 생각한다
내 사랑은
싹트고자 하는 거라고

새로 싹트는 아기들
세상의 첫 번째 결실
첫 번째 꽃잎이 피어난다

아무도 기억하지 않아 매번 다시 시작해야 할
사랑을 위해

너를 벗고

—우리들의 사랑법 8

그것은 허물, 결별을 위해 오래 준비한
영혼의 각질
손톱 발톱이 아프지 않듯

그것은 꿈, 만져지듯 만져지지 않는
허공에 응결한 꿈

손을
휘휘 저어본다
오래 묵은 거미줄에 지은 먼지의 성채
푸르르 내려앉는다

이렇듯 나는 오래 그리운 길을 걸어왔거늘

칼 또는 화살
또는 송곳니

실어증

—우리들의 사랑법 9

돌이킬 수 없는 일이 지나간 다음
시간의 봉인을 풀어 기억과 어제를 도르르 만다
접혀졌다. 이제 아무런 일도 일어나지 않았다

비상계단의 난간 하나가 자꾸 부러진다
사과가 저절로 즙이 된다

돌이킬 수 없는 일은 돌이켜선 안 되는 일

제6부 말하라, 어두워지기 전에

내가 모르는 이름

사람들을 생각한다
역사가 무명에 아로새긴 이름을

죽은 시인들의 내가 모르는 이름을 불러본다
시간은 그들의 심장을 저며 내 상처를 봉합했다
삶에 빚진 자가 되라고

희망은 잘 찢어지지만
진물로 살과 살이 봉합되는 것처럼, 눈물과 아픔의 오늘로 봉합되는 미래

히치하이킹 여행단

이제 막 닦고 있는 길을 따라
어딘지 잘 모르는 집으로 간다
몽글몽글 흙 반죽이 밀려나는 황토길 옆으로
무시무시한 누런 강물이 따라 올라온다

모르는 길을 가는 것은
길을 열기 위한 몸부림
낯선 동행과
우연한 운명을 같이하였네

어디선가는 잃었던 지갑을 찾고
어디선가는 되돌아온 편지를 읽고
어디선가는 흘려버린 말의 메아리를 듣는다
그것이 길 위의 잠의 축복

알 수 없는 잠언들을 꿰뚫으며
한 마디 말이 올라온다

손, 손을 내미세요.

언덕 위의 작은 집

언덕 위에
작은 집 하나 짓고 싶었네
창문 하나와 굴뚝 하나를 가진 조촐한 집을
창가에는 눈물 한 방울
바이올렛 화분 하나
빛나는 조약돌로 둘러친
한 줌만 한 마당

그러나 나는 언덕까지 갈 수 없었지
언덕은 너무 멀고 눈은 어두워
길 위에서 언제나 길을 잃곤 했네

그냥 작은 집 하나를 원했을 뿐인데
신전을 짓는 인부처럼 추운 기둥 아래 잠들어야 했어
하늘은 쭉쭉 늘어나고 바위는 솟구쳐
발 아래는 언제나 금세 깊어지는 강물이었어

오래 떠돌다 나는 길 위에 선다
작은 삽 들어 땅 한 줌 파고
갯가지 막대 하나 땅에 세우고
이름 붙이기를 이곳이 나의 언덕
모든 이를 닮은 나의 조그만 집

서늘한 손 하나 다가와
내 손을 꼬옥 잡는다
눈물 한 방울

혁명은 왜 실패하는가

오른손 검지 손가락이 잘리고
검은 피가 솟아나면
네 뺨에 바르리 검고 검은 무거운 피

분노를 감염시키리
에볼라보다 더 빨리

지붕을 깨치고 벽을 허물고
모든 건초 더미들을 불태운
다음

마침내 새로운 대륙이 가라앉고 낡은 대륙이
상처투성이 몸으로 뙤약볕 아래 다시 누우면
왼손 약지에 반지를 바꾸어 끼고
새 이랑을 길게 놓으리

오늘보다 조금 더 키가 클 내일의 인간을 낳기 위해

밤마다 땀을 흘리리

검고 검은 무거운 피의 자식을

칼산 불바다를 통과하는 중인
내 소중한 사람들에게

유리 호롱 속에 켜진 황촉불처럼 우리는 환합니다
어떤 화살도 우리를 꿰뚫지 못합니다
그들의 과녁은 애초에 틀렸습니다
그들은 상한 새를 향해 활을 쏩니다 그러나 우리는 질주하는 표범입니다
그들은 시든 꽃을 따려고 합니다 그러나 우리는 비상하는 민들렙니다
그들은 우리가 누구인지 알지 못합니다
그들은 자신의 거울과 싸우면서 그것이 우리라고 생각합니다
그러나 이 싸움이 끝나면 그들도 알게 될 것입니다
푸른 지구에서 태어나 밝은 별 아래 살아가는 사람들이 더 많다는 것을

말하라, 어두워지기 전에

이미 당신은 문밖에서 저문다
굳센 어깨가 허물어지고 있다

말하라, 어두워지기 전에
내가 가고 있다고

해설 · 시인의 말

새로운 사랑의 발명

구모룡 문학평론가

시 「에스컬레이터를 탄 시인」을 먼저 읽으려 한다. 이 시가 시집의 시편들 가운데 시인의 내면 풍경을 가장 잘 드러내고 있다는 생각 때문이다. 시 속의 주인공이 곧 시인일 수는 없다. 그럼에도 맡겨진 주인공의 역할에는 시를 쓰는 시인의 의도가 투사되어 있을 것이다. 이 시에서 에스컬레이터에 이끌려 가는 시 속의 주인공인 '시인'의 표정은 파울 클레의 〈새로운 천사〉를 닮았다. 또한 이 그림을 묵상하며 파시즘의 질곡에서 스스로를 추방한 발터 벤야민을 상기한다. 자신의 의지와 달리 폭풍에 밀려 뒷걸음치는 슬픈 역사의 천사처럼 시인은 '진보의 역사'를 사유하는 자신과 무관하게 상품과 현란한 이미지로 번쩍이는 진열장 안으로 들어갈 수밖에 없다. 그는 "시인답게" 의지를 갖고 바로 서려 하지만 "저 대형 슈퍼마켓 안 귀퉁이에서" "길 잃은 양처럼 순하고 두렵다". 의지를 꺾어놓고 희망을 배반하는 현실에서 그는 "길 잃은 양"과 같다. 존재의 슬픔과 일상적 삶의 슬픔을 동시에 감내해야 하는 그에게 출구는 곧 벼랑이 아닐까? "시의 진열대 위엔 에스컬레이터 앞에서 육중한 몸을 겨우 내려놓는 발의 슬픔과 머뭇대며 넣었다가 꺼내는 신용카드의 슬픔이 신소재 광고판 위에서 번쩍인다." 이처럼 슬픔의 무게는 가중되지만 "어떤 슬픔은 어떤 기쁨과 마찬가지로 결코 시가 되지 않는다". 시로 말할 수 없는 그 "어떤 슬픔"이 무엇일까? 일상의 "지극히 산문적인 슬픔" 속에서 결코 "말해지지 못하는 단 한 마디 말"은 무엇일까? 이 시집은 이처럼 말해질 수 없는 말을 위해 쓰인 것으로 보인다.

과연 그런 것이 시집의 표제가 "말하라, 어두워지기 전에"이다. 그리고 표제시가 시집의 맨 끝에 배치되어 있다. 시인의 의도를 따라 서술 체계("열며", 제1부 "틈", 제2부 "스며들다", 제3부 "기다리는 능력", 제4부 "침묵", 제5부 "사랑은 왜 야만인가", 제6부 "말하라, 어두워지기 전에"로 전개되는 순차적 구성)를 지닌 이 시집에서 표제시의 내용과 그 위치가 차지하는 의미는 크다.

이미 당신은 문밖에서 저문다
굳센 어깨가 허물어지고 있다

말하라, 어두워지기 전에
내가 가고 있다고

_「말하라, 어두워지기 전에」 전문

'당신'은 누구이고 '나'는 또 어떤 이인가? 이 시만으로 명백한 의미를 구하긴 힘들다. 다만 저물어 허물어지는 "당신"을 향하여 가는 '나'의 의지가 돌올하다. 그러면 이 시를 여는 시와 대응시켜 보자. 아마 수미상

웅의 의미 관계를 지닐 것이다. "나는 목을 잘라 조용히 시렁에 걸어놓고 그 방을 나왔다 이로써 나의 할 일은 끝나야 한다는 듯이"로 시작하는, 여는 시 「강으로 가기」는 그 기법에서 어느 정도 초현실주의적이다. 단지 상상적인 죽음 연습을 말하는 것은 아니라고 생각한다. 오랜 동안 죽음과 같은 삶이 반복되었다는 뜻일까? "내가 지나온 곳은 어둠으로 가득 찬 방이었고 동굴이었고/무덤이었고 무덤으로 이어지는 말라 갈라진 땅"이었다고 말하는 화자의 심경을 대할 때 드는 의문이다. 그리고 시인은 죽음과 같은 시간을 지나 "오래된 감각"과 "재구성된 기억"이 돌아나오는 것을 느낀다. '강'에 다다른 시점에서의 일이다. '강'은 시간의 지속이사 지향이며 존재의 생성을 내포한다.

> 나는 없는 턱을 괴고 강가에 앉아 무엇을 할까 생각하였다
> 내 노래 저 멀리 메아리치다 내게로 오지 못하고 사라진다
> 조용한 속울음만이 물결 위에 일렁인다
> 그렇게 오래 앉아 생각하였다
>
> _「강으로 가기」 부분

여기서 "무엇을 할까"라고 생각하는 것을 주목할 수 있다. 시인이 아무것도 할 수 없는 슬픔의 어둠에서 놓여나는 계기를 얻은 것일까? 그렇다면 시인은 왜 이토록 깊은 슬픔에 빠져 있는 것인가? 사물들이 반향하지 않는 "조용한 속울음"의 상황을 무엇으로 바꿀 수 있는 것일까? 시집은 제1부에서 제6부에 이르기까지 꾸준하게 이러한 물음에 대한 답을 구하고 있다. 그것은 "틈새에 피는 추억"(「틈새에, 틈새로,」)으로 시작한다. "봉인, 아니 유폐, 아니 위리안치의 작은 항아리처럼 닫힌" "틈

새"로 "은폐된 너의 얼굴의 핏빛 상처"를 대면한다. 얼굴의 현현은 "돌아다니는 비밀과 거짓말"에 가려진 타자의 진실이 드러나는 순간이다. 그렇다면 얼굴의 주인은 누구일까? 시인은 어떠한 연유로 그에 사로잡히는 것일까? 「더 먼 곳에서 들리네」가 진술하고 있듯이, "재겨디딜 자리도 없는 강철 무지게끝"과 같은 "벼랑"에서 뛰어내려 "골과 바위 사이" "비명의 흔적"을 남긴 이와 연관되는 것은 아닐까? 이 시의 화자는 자신이 그 벼랑에서 뛰어내리는 악몽을 꾼다. 그만큼 시인은 그의 상실을 상처와 고통 그리고 슬픔으로 일체화한다. 이 대목에서 나는 노무현이 몸을 던진 '부엉이 바위'를 연상하게 된다. 또한 파시스트들에 의해 자신의 도시에서 쫓겨나 '포르트보의 절벽'에서 투신한 발터 벤야민을 떠올린다. 그러나 단지 노무현의 죽음을 애도하기 위한 것만은 아닐 것이다. 시인이 품은 아픈 기억들은 오랜 동안 겪은 역사적 경험들의 실패에 기인한 것이 아닌가 한다. 이처럼 아픈 기억들(「울타리」)을 지닌 시인은 슬픔과 분노로 "독한 칼"을 품고 애도의 의례를(「골짜기」) 수행한다. 아울러 "저 멀리서 산이, 부풀어 오르는 해일처럼 일어나 나를 덮치는 것도 모르고"(「처음엔 알지 못했던 것들」)라며 자책하거나 "이 거대한 병렬의 규모, 줄지어 기다리는 빚쟁이들의 만찬/아무것도 변화시킬 수 없는 바에야/나는, 그러니까 나는 무엇을 한 것일까"(「역류의 위치」)라며 자신의 행위를 회의하고 "희망을 버리고 안식을 찾는 상한 영혼처럼"(「새를 날려보내다」) 깊은 좌절감에 휩싸이기도 한다. 거듭 역류하는 역사의 배리를 겪으면서 의지의 피로가 누적되는 것을 경험한 것이다.

제2부의 첫 번째 시 「마음의 절반을 가르며 달이 날아간다」는 매우 몽환적이고 그로테스크한 정황을 진술한다. "달이 차오른다/가파른 내리막을 굴러가기 전 호흡을 가다듬는 바윗돌처럼//표적을 가리키는 손

이 닦아 놓은 거울처럼//넌자는 손을 들어 재빠르게 달의 목을 칠 것이다/표백된 피의 비가 촉촉히 내리는 아침이면/사람들은 알 수 없는 영혼의 기침에 가슴이 아플 것이다." 그가 품은 상처가 쉽게 치유되지 못할 뿐만 아니라 용서와 화해의 시간이 쉽게 도래하지 않을 것임을 말하고자 함이 아닐까? 그야말로 묵시록적인 분위기가 연출되고 있다. 시인의 회의주의와 비관주의가 특정한 사태 때문은 아닐 것이다. 오랜 세계내 경험이 파국에 대한 날카로운 예감으로 의식에 자리한 것이리라. 시인은 꽃 피는 봄날을 환희로 맞기보다 캄캄한 절망으로 받아들이는(「캄캄」) 비애의 감성을 지녔다. 이러한 감성은 또한 "모든 허무의 꼭짓점에는 딱 한 가지/이쪽 세상과 저쪽 세상의 경계에 어리는/눈물도 아니고 통증도 아니고 그저/감정이 있다"(「하나의 정신이 배회하면서 벚꽃잎」)와 같은 구절을 얻는다. 이 구절을 통하여 우리는 시인이 특정 대상의 상실을 애도하기보다 전반적인 세계 상실에 기인하는 시대의 우울을 앓고 있는 것은 아닌가 염려하게 된다. "눈 내리듯 세상이"(「펄펄」) 지워지는 경험, 이러한 경험은 시인에게 "어두워지기 전에 어두워질 것이라고"(「놓다」) 말하게 한다. 한 시대가 '검은 태양'으로 캄캄해질 것이라고, 파국이 임박할 것이라고 지각하는 것이다. 그에게 시는 이러한 지각의 한 양식이다.

> 당신은 그리워하는 대신 내 앞으로 가지고 오는 시.
>
> 그려내고, 섬시시키고, 순간이란 없을 것처럼 늘여내는 시.
>
> 이 균열을 따라, 방금 내가 만들어놓은 이 텅 빈 곳으로 당신을 데려다 놓는 시.
>
> _「스며들다 1」 부분

노혜경에게 시는 "내가 만들어놓은 이 텅 빈 장소"와 같다. 그는 모든 것이 파괴되고 희망이 사라진다 해도 그 텅 빈 장소로 스며드는 시적 가능성을 놓치지 않는다. 이것은 파국과 폐허에서 신생과 구원의 징표를 읽으려는 능력과 다르지 않다. 그러나 이러한 능력은 긍정적인 것이 아니라 부정적인 것, 능동적인 것이 아니라 수동적인 것에 속한다. 제3부의 "기다리는 능력"이나 제4부의 "침묵"이 이에 해당한다. 달리 "아무것도 달라진 것은 없다는"(「노인이 걸어갈 때 노인은 걸어가는가」) 노년의 인식과 흡사한데, 이는 "너무 하염없이 지려고만 하네요/어쩌면 좋을까요, 당신?"(「바람이 말했다」)이라고 조용히 묻는 일과 다르지 않다. 「으스스우수수 또는 기다리는 능력」이라는 시를 통하여 시인은 "기다리는 것은 나의 능력"이자 "새로운 감각"이라고 한다. 그리고 이를 "아픔이라 안 부르고 놀람이라" 부른다. '놀람'은 어떤 의미에서 영성의 한 영역이라 할 수 있을 것이다. 시인은 다시 이것을 "새로운 안의 길"이라 하고 "비법"이라고 한다. "이 비법에 통달하면 나는 새로운 도시 하나를 가지게 될 것이다 거기엔 손가락 끝에 눈이 달린 ET들이 살고"라는 구절이 말하듯이 시인은 신생이 지금과 전혀 다른 신인류로 가능하다고 생각한다. 그만큼 그가 지닌 비관주의의 뿌리가 깊다.

그는 무엇을 매어 달고 싶었던 것일까요
희망 없이 사랑하고
미움 없이 죽어갈 자신이 없다면
오르지 말았어야 할 저 깃대에 매달려
그가 외치고 싶었던 마지막 말은

단지

상상할 뿐인 그 마지막 말에

나부끼거나 찢어지거나

그런 역사가

밤을 다하여 걸어가도 끝나지 않는

그런 미래가

_「나부끼거나 찢어지거나」 부분

이처럼 시인은 '역사'와 '미래'의 추상에 의탁하지 않는다. 무엇보다 구체적인 생의 기미가 중요한 것이다. 역사에 대한 비관과 시대에 대한 우울은 삶의 문제를 있는 그대로 지각하게 한다. 그 "벼랑"(「생의 엣지에서」)에서 사물의 질서가 보다 구체적으로 인식되는 것이다. 시인의 비관주의는 비유컨대 칼이 되는 모래(「칼」)와 같다. 그 중심이 허무로 텅 비었기에 새로운 것으로 채워질 수 있는 것이다. 이를 두고 새로운 사랑의 발명이라고 할 수 있을 것이다.

이 시집에서 가장 눈여겨 읽어야 할 부분이 제5부가 아닌가 한다. 시인은 「나부끼거나 찢어지거나」에서 말한 것처럼 희망이 없어도 사랑이 있으면 인간은 살 수 있을 것이라 생각한다. 그러나 이 경우에도, "사랑은 왜 야만인가"라는 물음을 제기하고 있듯이, 사랑은 새롭게 발명되지 않으면 안 된다. 시인은 "내 손가락은 바스락지 낙엽을 가루 내면서/낡은 심장을 뒤져 선례를 찾아 헤맨다/새로운 사랑을 이해하기 위하여"(「모든 사랑은 첫사랑」)라고 말한다. 이미 오래전에 아르튀르 랭보는 "사랑은 재발명되어야만 한다"고 했다. 이는 비단 랭보의 시대에만 해당

하는 문제가 아니다. 오히려 모든 것이 전시 가치와 교환 관계로 환원되는 우리 시대야말로 사랑이 공존을 위한 마지노선이 되었다. 시인은 「공습경보」에서 "해방도 혁명도 아니라면 사랑이란 무엇인가"라고 묻고서 "탈주, 사랑은 욕망하지 않고 함께 있고자 할 뿐이라고/추락의 마지막 순간까지 함께 있고자 할 뿐이라고" 답한다. 그러니까 파국의 순간에도 공존하는 힘은 사랑에서 나온다는 생각이 아닐까?

이 짧은 순간을 영원으로 만들어요
모든 얼굴들이 똑같아지고
모든 시간이 현재가 되는 순간
나는 당신과 함께 있고
그것으로 충분해요

_「공습경보」 부분

이처럼 시인은 사랑을 '하나의 사건이 존재에 스며들어 도래하는 순간'이라고 생각한다. 이는 바로 이 순간, 카이로스의 시간에 일어나는 관계를 뜻한다. 사랑, 순간, 영원성을 등치하는 시인의 입장은 초현실주의와 친연성을 지니는데, 도래할 파국의 순간 혹은 죽음을 내 안에 품는 행위와 다를 바 없다. "영원히 현존하는 죽음"(「사하라」)은 타자를 향한 열림을 가능하게 한다. 슬픔과 우울을 이겨낼 수 있는 힘은 오직 사랑으로부터 온다. 또한 사랑은 모든 것을 갱신한다. "오, 사하라, 너의 모래는 꿀 같고 꿈 같다." 사랑은 모래를 칼이 아니라 완전히 다른 삶의 양식으로 만든다. 이제 시인은 "아무도 기억하지 않아 매번 다시 시작해야 할/사랑을 위해"(「사랑은 왜 야만인가」) "닫힌 문", "봉인된 꿈"(「열리다, 라는 신화」)에서 사랑의 문턱으로 나온다. 사랑은 순전히 타자와 관련된 것이다. 또한 이것은 자아의 문제이다. 자기중심적인 자아를 포기하지 않고서 사랑은 불가능하다. 그러므로 사랑은 도래할 공동체를 위해 길을 연다. 알랭 바디우가 말하듯이 사랑의 확신과 마찬가지로 정치적 확신은 절대로 포기해서는 안 된다. 그러나 이 둘을 쉽게 겹치거나 포개어 말할 수는 없다. 무엇보다 새로운 사랑을 발명함으로써 신생의 길로 한 발 더 나아가야 한다.

오른손 검지 손가락이 잘리고
검은 피가 솟이나면
네 뺨에 바르리 검고 검은 무거운 피

분노를 감염시키리
에볼라보다 더 빨리

지붕을 깨치고 벽을 허물고
모든 건초 더미들을 불태운
다음

마침내 새로운 대륙이 가라앉고 낡은 대륙이
상처투성이 몸으로 피악별 아래 다시 누우면
왼손 약지에 반지를 바꾸어 끼고
새 이랑을 길게 놓으리

오늘보다 조금 더 키가 클 내일의 인간을 낳기 위해

밤마다 땀을 흘리리

검고 검은 무거운 피의 자식을

_「혁명은 왜 실패하는가」 전문

시인은 "혁명은 왜 실패하는가"라고 묻는다. 이 시에서 본문과 표제의 이반은 역설을 품는다. 과연 "내일의 인간"은 어떻게 탄생하는 것일까? 사랑이 없다면 불가능한 일이 아닐까? 그래서 시인은 사랑에 대한 사유를 시작한 것이다. 다 같은 사유라도 사랑의 사유는 알랭 바디우가 말한 바처럼 이 세계에서 타자와 함께 하는 원천이 나에게 주어지는 것을 직접 경험하는 과정이라 할 수 있다. 또한 이것은 완전히 다른 세계, 완전히 다른 인간상을 찾아가는 행위가 된다. 그렇기 때문에 새로운 사랑의 발명을 향한 시인의 문턱이 경이롭다.

사랑, 용기, 행동, 이런 일련의 아름다운 말들 속에는 비겁함, 머뭇댐, 뒤돌아서기, 놓아버리기 같은 깊은 틈새가 있다. 틈새를 이해하기 위하여 눈을 감고 들여다본다. 손이 길다란 촉수가 되고 다시 칼이 되어 더듬고 저며본다. 캄캄하다.

벌써 네 번째 시집에 이르는 동안, 내 시는 더욱더 우울해지고 괴로워진다. 어찌할 수가 없어서다. 시절은 불안을 향해 나부끼는 깃발 같아서 어떤 침묵으로도 잠재울 수가 없다. 어떻게 이길까. 어떻게 이길까.

사랑하는 당신, 우리는 살아남을 수 있을까.

살아남아 비루하고 구차한 생의 마지막에 그래도 빛나는 것이 있다고 말할 수 있을까.

두 손 가득 너를 뜯어먹은 나의 잔해가 우리는 모두 식인종임을 증명해주는데.

그래도 말하고 싶다. 염치없지만, 혁명하자고.

게처럼 기어서 바다 끝까지 가사고.

실천시선 237

말하라, 어두워지기 전에

2015년 11월 13일 1판 1쇄 찍음
2015년 11월 20일 1판 1쇄 펴냄

지은이 노혜경
펴낸이 김남일
편집 이호석, 박성아, 이승한
디자인 김현주
관리·영업 김태일, 채경민

펴낸곳 (주)실천문학
등록 10-1221호(1995.10.26)
주소 서울특별시 마포구 월드컵로10길 48 501호(서교동, 동궁빌딩)
전화 322-2161~5
팩스 322-2166
홈페이지 www.silcheon.com

ISBN 978-89-392-2237-3 03810

이 도서는 국립중앙도서관 출판시도서목록(CIP)은
e-CIP홈페이지(http://www.nl.go.kr/ecip)와
국가자료공동목록시스템(http://www.nl.go.kr/kolisnet)에서 이용하실 수 있습니다.
(CIP제어번호:CIP2015030697)